If Found, Please Return To:

_____

Happy Camper

This is How We Roll

VITAL INFORMATION

Purchase Information

Year	Make	Model
Date of Purchase	Mileage	VIN
Purchased From		
Address		
Phone	Salesman (if applicable)	

Weight, Tow & Pressure

GCVR	
GCWR	
Tongue	
Tow Capacity	
Tire Pressure	
Notes	

Tank Capacity

Fresh	
Gray	
Gray	
Black	
Propane	
Notes	

Notes

MAINTENANCE CHECKLIST

Date _____

_____

_____

o Oil Change	o Water Heater
o Oil Filter	o Stove
o Air Filter	o Refrigerator
o Fuel Filter	o Furnace
o Fan Belts	o Fire Extinguisher
o Radiator Hose	o Slide Seals
o Water Pump	o Frame
o Fluid Levels	o Locks
o Chassis	o Latches
o Tires	o Trailer Brakes
o Wipers	o Exterior Lights
o A/C	o Interior Lights
o Lights	o Tow Coupler
o Battery	o Breakaway Switch
o Dump Valve	o _____
o Black Tank	o _____
o Gray Tank	o _____
o Window Seals	o _____
o Steps	o _____
o Converter	o _____
o Roof A/C	o _____
o Propane Tank	o _____
o Generator	o _____
o Fresh Water Tank	o _____

MAINTENANCE NOTES

MAINTENANCE CHECKLIST

Date _____

_____

_____

o Oil Change	o Water Heater
o Oil Filter	o Stove
o Air Filter	o Refrigerator
o Fuel Filter	o Furnace
o Fan Belts	o Fire Extinguisher
o Radiator Hose	o Slide Seals
o Water Pump	o Frame
o Fluid Levels	o Locks
o Chassis	o Latches
o Tires	o Trailer Brakes
o Wipers	o Exterior Lights
o A/C	o Interior Lights
o Lights	o Tow Coupler
o Battery	o Breakaway Switch
o Dump Valve	o _____
o Black Tank	o _____
o Gray Tank	o _____
o Window Seals	o _____
o Steps	o _____
o Converter	o _____
o Roof A/C	o _____
o Propane Tank	o _____
o Generator	o _____
o Fresh Water Tank	o _____

MAINTENANCE NOTES

MAINTENANCE CHECKLIST

Date _____

_____

_____

- o Oil Change
- o Oil Filter
- o Air Filter
- o Fuel Filter
- o Fan Belts
- o Radiator Hose
- o Water Pump
- o Fluid Levels
- o Chassis
- o Tires
- o Wipers
- o A/C
- o Lights
- o Battery
- o Dump Valve
- o Black Tank
- o Gray Tank
- o Window Seals
- o Steps
- o Converter
- o Roof A/C
- o Propane Tank
- o Generator
- o Fresh Water Tank

- o Water Heater
- o Stove
- o Refrigerator
- o Furnace
- o Fire Extinguisher
- o Slide Seals
- o Frame
- o Locks
- o Latches
- o Trailer Brakes
- o Exterior Lights
- o Interior Lights
- o Tow Coupler
- o Breakaway Switch
- o _____
- o _____
- o _____
- o _____
- o _____
- o _____
- o _____
- o _____
- o _____
- o _____

MAINTENANCE NOTES

MAINTENANCE CHECKLIST

Date _____

_____

_____

- o Oil Change
- o Oil Filter
- o Air Filter
- o Fuel Filter
- o Fan Belts
- o Radiator Hose
- o Water Pump
- o Fluid Levels
- o Chassis
- o Tires
- o Wipers
- o A/C
- o Lights
- o Battery
- o Dump Valve
- o Black Tank
- o Gray Tank
- o Window Seals
- o Steps
- o Converter
- o Roof A/C
- o Propane Tank
- o Generator
- o Fresh Water Tank

- o Water Heater
- o Stove
- o Refrigerator
- o Furnace
- o Fire Extinguisher
- o Slide Seals
- o Frame
- o Locks
- o Latches
- o Trailer Brakes
- o Exterior Lights
- o Interior Lights
- o Tow Coupler
- o Breakaway Switch
- o _____
- o _____
- o _____
- o _____
- o _____
- o _____
- o _____
- o _____
- o _____

MAINTENANCE NOTES

MAINTENANCE CHECKLIST

Date _____

_____

- o Oil Change
- o Oil Filter
- o Air Filter
- o Fuel Filter
- o Fan Belts
- o Radiator Hose
- o Water Pump
- o Fluid Levels
- o Chassis
- o Tires
- o Wipers
- o A/C
- o Lights
- o Battery
- o Dump Valve
- o Black Tank
- o Gray Tank
- o Window Seals
- o Steps
- o Converter
- o Roof A/C
- o Propane Tank
- o Generator
- o Fresh Water Tank

- o Water Heater
- o Stove
- o Refrigerator
- o Furnace
- o Fire Extinguisher
- o Slide Seals
- o Frame
- o Locks
- o Latches
- o Trailer Brakes
- o Exterior Lights
- o Interior Lights
- o Tow Coupler
- o Breakaway Switch
- o _____
- o _____
- o _____
- o _____
- o _____
- o _____
- o _____
- o _____
- o _____
- o _____

MAINTENANCE NOTES

MAINTENANCE CHECKLIST

Date _____

_____

_____

o Oil Change	o Water Heater
o Oil Filter	o Stove
o Air Filter	o Refrigerator
o Fuel Filter	o Furnace
o Fan Belts	o Fire Extinguisher
o Radiator Hose	o Slide Seals
o Water Pump	o Frame
o Fluid Levels	o Locks
o Chassis	o Latches
o Tires	o Trailer Brakes
o Wipers	o Exterior Lights
o A/C	o Interior Lights
o Lights	o Tow Coupler
o Battery	o Breakaway Switch
o Dump Valve	o _____
o Black Tank	o _____
o Gray Tank	o _____
o Window Seals	o _____
o Steps	o _____
o Converter	o _____
o Roof A/C	o _____
o Propane Tank	o _____
o Generator	o _____
o Fresh Water Tank	o _____

MAINTENANCE NOTES

MAINTENANCE CHECKLIST

Date _____

_____

_____

- o Oil Change
- o Oil Filter
- o Air Filter
- o Fuel Filter
- o Fan Belts
- o Radiator Hose
- o Water Pump
- o Fluid Levels
- o Chassis
- o Tires
- o Wipers
- o A/C
- o Lights
- o Battery
- o Dump Valve
- o Black Tank
- o Gray Tank
- o Window Seals
- o Steps
- o Converter
- o Roof A/C
- o Propane Tank
- o Generator
- o Fresh Water Tank

- o Water Heater
- o Stove
- o Refrigerator
- o Furnace
- o Fire Extinguisher
- o Slide Seals
- o Frame
- o Locks
- o Latches
- o Trailer Brakes
- o Exterior Lights
- o Interior Lights
- o Tow Coupler
- o Breakaway Switch
- o _____
- o _____
- o _____
- o _____
- o _____
- o _____
- o _____
- o _____
- o _____
- o _____

MAINTENANCE NOTES

MAINTENANCE CHECKLIST

Date _____

_____

_____

o Oil Change	o Water Heater
o Oil Filter	o Stove
o Air Filter	o Refrigerator
o Fuel Filter	o Furnace
o Fan Belts	o Fire Extinguisher
o Radiator Hose	o Slide Seals
o Water Pump	o Frame
o Fluid Levels	o Locks
o Chassis	o Latches
o Tires	o Trailer Brakes
o Wipers	o Exterior Lights
o A/C	o Interior Lights
o Lights	o Tow Coupler
o Battery	o Breakaway Switch
o Dump Valve	o _____
o Black Tank	o _____
o Gray Tank	o _____
o Window Seals	o _____
o Steps	o _____
o Converter	o _____
o Roof A/C	o _____
o Propane Tank	o _____
o Generator	o _____
o Fresh Water Tank	o _____

MAINTENANCE NOTES

MAINTENANCE CHECKLIST

Date

o Oil Change
o Oil Filter
o Air Filter
o Fuel Filter
o Fan Belts
o Radiator Hose
o Water Pump
o Fluid Levels
o Chassis
o Tires
o Wipers
o A/C
o Lights
o Battery
o Dump Valve
o Black Tank
o Gray Tank
o Window Seals
o Steps
o Converter
o Roof A/C
o Propane Tank
o Generator
o Fresh Water Tank

o Water Heater
o Stove
o Refrigerator
o Furnace
o Fire Extinguisher
o Slide Seals
o Frame
o Locks
o Latches
o Trailer Brakes
o Exterior Lights
o Interior Lights
o Tow Coupler
o Breakaway Switch
o _____
o _____
o _____
o _____
o _____
o _____
o _____
o _____
o _____
o _____

MAINTENANCE NOTES

MAINTENANCE CHECKLIST

Date _____

_____

_____

- o Oil Change
- o Oil Filter
- o Air Filter
- o Fuel Filter
- o Fan Belts
- o Radiator Hose
- o Water Pump
- o Fluid Levels
- o Chassis
- o Tires
- o Wipers
- o A/C
- o Lights
- o Battery
- o Dump Valve
- o Black Tank
- o Gray Tank
- o Window Seals
- o Steps
- o Converter
- o Roof A/C
- o Propane Tank
- o Generator
- o Fresh Water Tank

- o Water Heater
- o Stove
- o Refrigerator
- o Furnace
- o Fire Extinguisher
- o Slide Seals
- o Frame
- o Locks
- o Latches
- o Trailer Brakes
- o Exterior Lights
- o Interior Lights
- o Tow Coupler
- o Breakaway Switch
- o _____
- o _____
- o _____
- o _____
- o _____
- o _____
- o _____
- o _____
- o _____
- o _____

MAINTENANCE NOTES

TRIP LOG

Reservation Information

Park Name

Address

Phone   Email

Confirmation #   Reservation Co. (KOA)

Check-In   Check Out

Cancellation Policy   Cancellation Fee

50 amp   30 amp   Full HU   Water   Electric   No Util

Site #   Length   Width   Rate $

OTHER NOTES

TRIP CHECKLIST

- o Sheets
- o Sleeping Bag
- o Pillows
- o Towels
- o Wash Cloths
- o Paper Towels
- o Toilet Paper
- o Garbage Bags
- o Table Cloths
- o Plastic Utensils
- o Paper Plates
- o Napkins
- o Dish Soap
- o Foil
- o Plastic Wrap
- o Lighter/Matches
- o Batteries
- o Dustpan
- o Broom
- o Bug Spray
- o Candles
- o Cell Phone Charger
- o Medication
- o Sunscreen
- o Lip Balm

- o Cooking Utensils
- o Cooler
- o Ice
- o Rain Gear
- o _____
- o _____
- o _____
- o _____
- o _____
- o _____
- o _____
- o _____
- o _____
- o _____
- o _____
- o _____
- o _____
- o _____
- o _____
- o _____
- o _____
- o _____
- o _____
- o _____
- o _____

MEAL PLANNER

	BREAKFAST	LUNCH	DINNER
DAY 1			
DAY 2			
DAY 3			
DAY 4			
DAY 5			
DAY 6			
DAY 7			

GROCERY SHOPPING LIST

- ○ _____
- ○ _____
- ○ _____
- ○ _____
- ○ _____
- ○ _____
- ○ _____
- ○ _____
- ○ _____
- ○ _____
- ○ _____
- ○ _____
- ○ _____
- ○ _____
- ○ _____
- ○ _____
- ○ _____
- ○ _____
- ○ _____
- ○ _____
- ○ _____
- ○ _____
- ○ _____

- ○ _____
- ○ _____
- ○ _____
- ○ _____
- ○ _____
- ○ _____
- ○ _____
- ○ _____
- ○ _____
- ○ _____
- ○ _____
- ○ _____
- ○ _____
- ○ _____
- ○ _____
- ○ _____
- ○ _____
- ○ _____
- ○ _____
- ○ _____
- ○ _____
- ○ _____
- ○ _____

TRIP MEMORIES

TRIP PHOTOS

TRIP LOG

Reservation Information

Park Name

Address

Phone   Email

Confirmation #   Reservation Co. (KOA)

Check-In   Check Out

Cancellation Policy   Cancellation Fee

50 amp   30 amp   Full HU   Water   Electric   No Util

Site #   Length   Width   Rate $

OTHER NOTES

TRIP CHECKLIST

- o Sheets
- o Sleeping Bag
- o Pillows
- o Towels
- o Wash Cloths
- o Paper Towels
- o Toilet Paper
- o Garbage Bags
- o Table Cloths
- o Plastic Utensils
- o Paper Plates
- o Napkins
- o Dish Soap
- o Foil
- o Plastic Wrap
- o Lighter/Matches
- o Batteries
- o Dustpan
- o Broom
- o Bug Spray
- o Candles
- o Cell Phone Charger
- o Medication
- o Sunscreen
- o Lip Balm

- o Cooking Utensils
- o Cooler
- o Ice
- o Rain Gear
- o _____
- o _____
- o _____
- o _____
- o _____
- o _____
- o _____
- o _____
- o _____
- o _____
- o _____
- o _____
- o _____
- o _____
- o _____
- o _____
- o _____
- o _____
- o _____
- o _____
- o _____

MEAL PLANNER

	BREAKFAST	LUNCH	DINNER
DAY 1			
DAY 2			
DAY 3			
DAY 4			
DAY 5			
DAY 6			
DAY 7			

GROCERY SHOPPING LIST

- ○ _____
- ○ _____
- ○ _____
- ○ _____
- ○ _____
- ○ _____
- ○ _____
- ○ _____
- ○ _____
- ○ _____
- ○ _____
- ○ _____
- ○ _____
- ○ _____
- ○ _____
- ○ _____
- ○ _____
- ○ _____
- ○ _____
- ○ _____
- ○ _____
- ○ _____
- ○ _____
- ○ _____
- ○ _____

- ○ _____
- ○ _____
- ○ _____
- ○ _____
- ○ _____
- ○ _____
- ○ _____
- ○ _____
- ○ _____
- ○ _____
- ○ _____
- ○ _____
- ○ _____
- ○ _____
- ○ _____
- ○ _____
- ○ _____
- ○ _____
- ○ _____
- ○ _____
- ○ _____
- ○ _____
- ○ _____
- ○ _____
- ○ _____

TRIP MEMORIES

TRIP PHOTOS

TRIP LOG

Reservation Information

Park Name

Address

Phone   Email

Confirmation #   Reservation Co. (KOA)

Check-In   Check Out

Cancellation Policy   Cancellation Fee

50 amp   30 amp   Full HU   Water   Electric   No Util

Site #   Length   Width   Rate $

OTHER NOTES

TRIP CHECKLIST

- o Sheets
- o Sleeping Bag
- o Pillows
- o Towels
- o Wash Cloths
- o Paper Towels
- o Toilet Paper
- o Garbage Bags
- o Table Cloths
- o Plastic Utensils
- o Paper Plates
- o Napkins
- o Dish Soap
- o Foil
- o Plastic Wrap
- o Lighter/Matches
- o Batteries
- o Dustpan
- o Broom
- o Bug Spray
- o Candles
- o Cell Phone Charger
- o Medication
- o Sunscreen
- o Lip Balm

- o Cooking Utensils
- o Cooler
- o Ice
- o Rain Gear
- o _____
- o _____
- o _____
- o _____
- o _____
- o _____
- o _____
- o _____
- o _____
- o _____
- o _____
- o _____
- o _____
- o _____
- o _____
- o _____
- o _____
- o _____
- o _____
- o _____
- o _____

MEAL PLANNER

	BREAKFAST	LUNCH	DINNER
DAY 1			
DAY 2			
DAY 3			
DAY 4			
DAY 5			
DAY 6			
DAY 7			

GROCERY SHOPPING LIST

- ○ _____
- ○ _____
- ○ _____
- ○ _____
- ○ _____
- ○ _____
- ○ _____
- ○ _____
- ○ _____
- ○ _____
- ○ _____
- ○ _____
- ○ _____
- ○ _____
- ○ _____
- ○ _____
- ○ _____
- ○ _____
- ○ _____
- ○ _____
- ○ _____
- ○ _____
- ○ _____
- ○ _____
- ○ _____
- ○ _____

- ○ _____
- ○ _____
- ○ _____
- ○ _____
- ○ _____
- ○ _____
- ○ _____
- ○ _____
- ○ _____
- ○ _____
- ○ _____
- ○ _____
- ○ _____
- ○ _____
- ○ _____
- ○ _____
- ○ _____
- ○ _____
- ○ _____
- ○ _____
- ○ _____
- ○ _____
- ○ _____
- ○ _____
- ○ _____
- ○ _____

TRIP MEMORIES

TRIP PHOTOS

TRIP LOG

Reservation Information

Park Name

Address

Phone   Email

Confirmation #   Reservation Co. (KOA)

Check-In   Check Out

Cancellation Policy   Cancellation Fee

50 amp   30 amp   Full HU   Water   Electric   No Util

Site #   Length   Width   Rate $

OTHER NOTES

TRIP CHECKLIST

- ○ Sheets
- ○ Sleeping Bag
- ○ Pillows
- ○ Towels
- ○ Wash Cloths
- ○ Paper Towels
- ○ Toilet Paper
- ○ Garbage Bags
- ○ Table Cloths
- ○ Plastic Utensils
- ○ Paper Plates
- ○ Napkins
- ○ Dish Soap
- ○ Foil
- ○ Plastic Wrap
- ○ Lighter/Matches
- ○ Batteries
- ○ Dustpan
- ○ Broom
- ○ Bug Spray
- ○ Candles
- ○ Cell Phone Charger
- ○ Medication
- ○ Sunscreen
- ○ Lip Balm

- ○ Cooking Utensils
- ○ Cooler
- ○ Ice
- ○ Rain Gear
- ○ _____
- ○ _____
- ○ _____
- ○ _____
- ○ _____
- ○ _____
- ○ _____
- ○ _____
- ○ _____
- ○ _____
- ○ _____
- ○ _____
- ○ _____
- ○ _____
- ○ _____
- ○ _____
- ○ _____
- ○ _____
- ○ _____
- ○ _____
- ○ _____
- ○ _____

MEAL PLANNER

	BREAKFAST	LUNCH	DINNER
DAY 1			
DAY 2			
DAY 3			
DAY 4			
DAY 5			
DAY 6			
DAY 7			

GROCERY SHOPPING LIST

- ○ _____
- ○ _____
- ○ _____
- ○ _____
- ○ _____
- ○ _____
- ○ _____
- ○ _____
- ○ _____
- ○ _____
- ○ _____
- ○ _____
- ○ _____
- ○ _____
- ○ _____
- ○ _____
- ○ _____
- ○ _____
- ○ _____
- ○ _____
- ○ _____
- ○ _____
- ○ _____
- ○ _____

- ○ _____
- ○ _____
- ○ _____
- ○ _____
- ○ _____
- ○ _____
- ○ _____
- ○ _____
- ○ _____
- ○ _____
- ○ _____
- ○ _____
- ○ _____
- ○ _____
- ○ _____
- ○ _____
- ○ _____
- ○ _____
- ○ _____
- ○ _____
- ○ _____
- ○ _____
- ○ _____
- ○ _____

TRIP MEMORIES

TRIP PHOTOS

TRIP LOG

Reservation Information

Park Name

Address

Phone   Email

Confirmation #   Reservation Co. (KOA)

Check-In   Check Out

Cancellation Policy   Cancellation Fee

50 amp   30 amp   Full HU   Water   Electric   No Util

Site #   Length   Width   Rate $

OTHER NOTES

TRIP CHECKLIST

- o Sheets
- o Sleeping Bag
- o Pillows
- o Towels
- o Wash Cloths
- o Paper Towels
- o Toilet Paper
- o Garbage Bags
- o Table Cloths
- o Plastic Utensils
- o Paper Plates
- o Napkins
- o Dish Soap
- o Foil
- o Plastic Wrap
- o Lighter/Matches
- o Batteries
- o Dustpan
- o Broom
- o Bug Spray
- o Candles
- o Cell Phone Charger
- o Medication
- o Sunscreen
- o Lip Balm

- o Cooking Utensils
- o Cooler
- o Ice
- o Rain Gear
- o _____
- o _____
- o _____
- o _____
- o _____
- o _____
- o _____
- o _____
- o _____
- o _____
- o _____
- o _____
- o _____
- o _____
- o _____
- o _____
- o _____
- o _____
- o _____
- o _____

MEAL PLANNER

	BREAKFAST	LUNCH	DINNER
DAY 1			
DAY 2			
DAY 3			
DAY 4			
DAY 5			
DAY 6			
DAY 7			

GROCERY SHOPPING LIST

○ _____   ○ _____
○ _____   ○ _____
○ _____   ○ _____
○ _____   ○ _____
○ _____   ○ _____
○ _____   ○ _____
○ _____   ○ _____
○ _____   ○ _____
○ _____   ○ _____
○ _____   ○ _____
○ _____   ○ _____
○ _____   ○ _____
○ _____   ○ _____
○ _____   ○ _____
○ _____   ○ _____
○ _____   ○ _____
○ _____   ○ _____
○ _____   ○ _____
○ _____   ○ _____
○ _____   ○ _____
○ _____   ○ _____
○ _____   ○ _____
○ _____   ○ _____
○ _____   ○ _____

TRIP MEMORIES

TRIP PHOTOS

TRIP LOG

Reservation Information

Park Name

Address

Phone   Email

Confirmation #   Reservation Co. (KOA)

Check-In   Check Out

Cancellation Policy   Cancellation Fee

50 amp   30 amp   Full HU   Water   Electric   No Util

Site #   Length   Width   Rate $

OTHER NOTES

TRIP CHECKLIST

- o Sheets
- o Sleeping Bag
- o Pillows
- o Towels
- o Wash Cloths
- o Paper Towels
- o Toilet Paper
- o Garbage Bags
- o Table Cloths
- o Plastic Utensils
- o Paper Plates
- o Napkins
- o Dish Soap
- o Foil
- o Plastic Wrap
- o Lighter/Matches
- o Batteries
- o Dustpan
- o Broom
- o Bug Spray
- o Candles
- o Cell Phone Charger
- o Medication
- o Sunscreen
- o Lip Balm

- o Cooking Utensils
- o Cooler
- o Ice
- o Rain Gear
- o _____
- o _____
- o _____
- o _____
- o _____
- o _____
- o _____
- o _____
- o _____
- o _____
- o _____
- o _____
- o _____
- o _____
- o _____
- o _____
- o _____
- o _____
- o _____
- o _____
- o _____

MEAL PLANNER

	BREAKFAST	LUNCH	DINNER
DAY 1			
DAY 2			
DAY 3			
DAY 4			
DAY 5			
DAY 6			
DAY 7			

GROCERY SHOPPING LIST

TRIP MEMORIES

TRIP PHOTOS

TRIP LOG

Reservation Information

Park Name

Address

Phone   Email

Confirmation #   Reservation Co. (KOA)

Check-In   Check Out

Cancellation Policy   Cancellation Fee

50 amp   30 amp   Full HU   Water   Electric   No Util

Site #   Length   Width   Rate $

OTHER NOTES

TRIP CHECKLIST

- o Sheets
- o Sleeping Bag
- o Pillows
- o Towels
- o Wash Cloths
- o Paper Towels
- o Toilet Paper
- o Garbage Bags
- o Table Cloths
- o Plastic Utensils
- o Paper Plates
- o Napkins
- o Dish Soap
- o Foil
- o Plastic Wrap
- o Lighter/Matches
- o Batteries
- o Dustpan
- o Broom
- o Bug Spray
- o Candles
- o Cell Phone Charger
- o Medication
- o Sunscreen
- o Lip Balm

- o Cooking Utensils
- o Cooler
- o Ice
- o Rain Gear
- o _____
- o _____
- o _____
- o _____
- o _____
- o _____
- o _____
- o _____
- o _____
- o _____
- o _____
- o _____
- o _____
- o _____
- o _____
- o _____
- o _____
- o _____
- o _____
- o _____
- o _____

MEAL PLANNER

	BREAKFAST	LUNCH	DINNER
DAY 1			
DAY 2			
DAY 3			
DAY 4			
DAY 5			
DAY 6			
DAY 7			

GROCERY SHOPPING LIST

○ _____   ○ _____
○ _____   ○ _____
○ _____   ○ _____
○ _____   ○ _____
○ _____   ○ _____
○ _____   ○ _____
○ _____   ○ _____
○ _____   ○ _____
○ _____   ○ _____
○ _____   ○ _____
○ _____   ○ _____
○ _____   ○ _____
○ _____   ○ _____
○ _____   ○ _____
○ _____   ○ _____
○ _____   ○ _____
○ _____   ○ _____
○ _____   ○ _____
○ _____   ○ _____
○ _____   ○ _____
○ _____   ○ _____
○ _____   ○ _____
○ _____   ○ _____

TRIP MEMORIES

TRIP PHOTOS

TRIP LOG

Reservation Information

Park Name

Address

Phone   Email

Confirmation #   Reservation Co. (KOA)

Check-In   Check Out

Cancellation Policy   Cancellation Fee

50 amp   30 amp   Full HU   Water   Electric   No Util

Site #   Length   Width   Rate $

OTHER NOTES

TRIP CHECKLIST

- ○ Sheets
- ○ Sleeping Bag
- ○ Pillows
- ○ Towels
- ○ Wash Cloths
- ○ Paper Towels
- ○ Toilet Paper
- ○ Garbage Bags
- ○ Table Cloths
- ○ Plastic Utensils
- ○ Paper Plates
- ○ Napkins
- ○ Dish Soap
- ○ Foil
- ○ Plastic Wrap
- ○ Lighter/Matches
- ○ Batteries
- ○ Dustpan
- ○ Broom
- ○ Bug Spray
- ○ Candles
- ○ Cell Phone Charger
- ○ Medication
- ○ Sunscreen
- ○ Lip Balm

- ○ Cooking Utensils
- ○ Cooler
- ○ Ice
- ○ Rain Gear
- ○ _____
- ○ _____
- ○ _____
- ○ _____
- ○ _____
- ○ _____
- ○ _____
- ○ _____
- ○ _____
- ○ _____
- ○ _____
- ○ _____
- ○ _____
- ○ _____
- ○ _____
- ○ _____
- ○ _____
- ○ _____
- ○ _____
- ○ _____
- ○ _____

MEAL PLANNER

	BREAKFAST	LUNCH	DINNER
DAY 1			
DAY 2			
DAY 3			
DAY 4			
DAY 5			
DAY 6			
DAY 7			

GROCERY SHOPPING LIST

TRIP MEMORIES

TRIP PHOTOS

TRIP LOG

Reservation Information

Park Name

Address

Phone   Email

Confirmation #   Reservation Co. (KOA)

Check-In   Check Out

Cancellation Policy   Cancellation Fee

50 amp   30 amp   Full HU   Water   Electric   No Util

Site #   Length   Width   Rate $

OTHER NOTES

TRIP CHECKLIST

- o Sheets
- o Sleeping Bag
- o Pillows
- o Towels
- o Wash Cloths
- o Paper Towels
- o Toilet Paper
- o Garbage Bags
- o Table Cloths
- o Plastic Utensils
- o Paper Plates
- o Napkins
- o Dish Soap
- o Foil
- o Plastic Wrap
- o Lighter/Matches
- o Batteries
- o Dustpan
- o Broom
- o Bug Spray
- o Candles
- o Cell Phone Charger
- o Medication
- o Sunscreen
- o Lip Balm

- o Cooking Utensils
- o Cooler
- o Ice
- o Rain Gear
- o _____
- o _____
- o _____
- o _____
- o _____
- o _____
- o _____
- o _____
- o _____
- o _____
- o _____
- o _____
- o _____
- o _____
- o _____
- o _____
- o _____
- o _____
- o _____
- o _____
- o _____

MEAL PLANNER

	BREAKFAST	LUNCH	DINNER
DAY 1			
DAY 2			
DAY 3			
DAY 4			
DAY 5			
DAY 6			
DAY 7			

GROCERY SHOPPING LIST

TRIP MEMORIES

TRIP PHOTOS

TRIP LOG

Reservation Information

Park Name

Address

Phone   Email

Confirmation #   Reservation Co. (KOA)

Check-In   Check Out

Cancellation Policy   Cancellation Fee

50 amp   30 amp   Full HU   Water   Electric   No Util

Site #   Length   Width   Rate $

OTHER NOTES

TRIP CHECKLIST

- o Sheets
- o Sleeping Bag
- o Pillows
- o Towels
- o Wash Cloths
- o Paper Towels
- o Toilet Paper
- o Garbage Bags
- o Table Cloths
- o Plastic Utensils
- o Paper Plates
- o Napkins
- o Dish Soap
- o Foil
- o Plastic Wrap
- o Lighter/Matches
- o Batteries
- o Dustpan
- o Broom
- o Bug Spray
- o Candles
- o Cell Phone Charger
- o Medication
- o Sunscreen
- o Lip Balm

- o Cooking Utensils
- o Cooler
- o Ice
- o Rain Gear
- o _____
- o _____
- o _____
- o _____
- o _____
- o _____
- o _____
- o _____
- o _____
- o _____
- o _____
- o _____
- o _____
- o _____
- o _____
- o _____
- o _____
- o _____
- o _____
- o _____
- o _____

MEAL PLANNER

	BREAKFAST	LUNCH	DINNER
DAY 1			
DAY 2			
DAY 3			
DAY 4			
DAY 5			
DAY 6			
DAY 7			

GROCERY SHOPPING LIST

TRIP MEMORIES

TRIP PHOTOS

TRIP LOG

Reservation Information

Park Name

Address

Phone   Email

Confirmation #   Reservation Co. (KOA)

Check-In   Check Out

Cancellation Policy   Cancellation Fee

50 amp   30 amp   Full HU   Water   Electric   No Util

Site #   Length   Width   Rate $

OTHER NOTES

TRIP CHECKLIST

- o Sheets
- o Sleeping Bag
- o Pillows
- o Towels
- o Wash Cloths
- o Paper Towels
- o Toilet Paper
- o Garbage Bags
- o Table Cloths
- o Plastic Utensils
- o Paper Plates
- o Napkins
- o Dish Soap
- o Foil
- o Plastic Wrap
- o Lighter/Matches
- o Batteries
- o Dustpan
- o Broom
- o Bug Spray
- o Candles
- o Cell Phone Charger
- o Medication
- o Sunscreen
- o Lip Balm

- o Cooking Utensils
- o Cooler
- o Ice
- o Rain Gear
- o _____
- o _____
- o _____
- o _____
- o _____
- o _____
- o _____
- o _____
- o _____
- o _____
- o _____
- o _____
- o _____
- o _____
- o _____
- o _____
- o _____
- o _____
- o _____
- o _____
- o _____

MEAL PLANNER

	BREAKFAST	LUNCH	DINNER
DAY 1			
DAY 2			
DAY 3			
DAY 4			
DAY 5			
DAY 6			
DAY 7			

GROCERY SHOPPING LIST

TRIP MEMORIES

TRIP PHOTOS

TRIP LOG

Reservation Information

Park Name

Address

Phone   Email

Confirmation #   Reservation Co. (KOA)

Check-In   Check Out

Cancellation Policy   Cancellation Fee

50 amp   30 amp   Full HU   Water   Electric   No Util

Site #   Length   Width   Rate $

OTHER NOTES

TRIP CHECKLIST

- Sheets
- Sleeping Bag
- Pillows
- Towels
- Wash Cloths
- Paper Towels
- Toilet Paper
- Garbage Bags
- Table Cloths
- Plastic Utensils
- Paper Plates
- Napkins
- Dish Soap
- Foil
- Plastic Wrap
- Lighter/Matches
- Batteries
- Dustpan
- Broom
- Bug Spray
- Candles
- Cell Phone Charger
- Medication
- Sunscreen
- Lip Balm

- Cooking Utensils
- Cooler
- Ice
- Rain Gear
- _____
- _____
- _____
- _____
- _____
- _____
- _____
- _____
- _____
- _____
- _____
- _____
- _____
- _____
- _____
- _____
- _____
- _____
- _____
- _____
- _____

MEAL PLANNER

	BREAKFAST	LUNCH	DINNER
DAY 1			
DAY 2			
DAY 3			
DAY 4			
DAY 5			
DAY 6			
DAY 7			

GROCERY SHOPPING LIST

- ○ _____
- ○ _____
- ○ _____
- ○ _____
- ○ _____
- ○ _____
- ○ _____
- ○ _____
- ○ _____
- ○ _____
- ○ _____
- ○ _____
- ○ _____
- ○ _____
- ○ _____
- ○ _____
- ○ _____
- ○ _____
- ○ _____
- ○ _____
- ○ _____
- ○ _____
- ○ _____
- ○ _____

- ○ _____
- ○ _____
- ○ _____
- ○ _____
- ○ _____
- ○ _____
- ○ _____
- ○ _____
- ○ _____
- ○ _____
- ○ _____
- ○ _____
- ○ _____
- ○ _____
- ○ _____
- ○ _____
- ○ _____
- ○ _____
- ○ _____
- ○ _____
- ○ _____
- ○ _____
- ○ _____
- ○ _____

TRIP MEMORIES

TRIP PHOTOS

39134185R00052